8° V 36
2646

NOTICE

ALPHABÉTIQUE

[illegible]

DE TABLEAUX

[illegible]

ANCIENNES ET MODERNES

[illegible]

NOTICE

ALPHABÉTIQUE

D'UN CHOIX DE TABLEAUX

DES ÉCOLES ANCIENNES ET MODERNES,

Ainsi que de plusieurs Portraits originaux peints d'après des personnages très célèbres, tels que Voltaire, Turenne, etc.,

RÉDIGÉE PAR M. DIDOT.

L'exposition publique de ces Tableaux aura lieu rue de Cléri, n°. 21, le dimanche 11 et lundi 12 mars, de midi à quatre heures,

ET LA VENTE

Le mardi 13 mars et jours suivans, également de midi à quatre heures.

LE CATALOGUE SE DISTRIBUE A PARIS,

Chez MM. LACOSTE, Commissaire-Priseur, rue Thérèse, n°. 2;
HENRY, Expert des Musées royaux, rue de Bondi, n°. 23,

ET DANS LA SALLE DE LA RUE DE CLÉRI.

MARS 1827.

2646

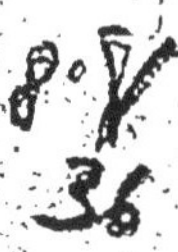

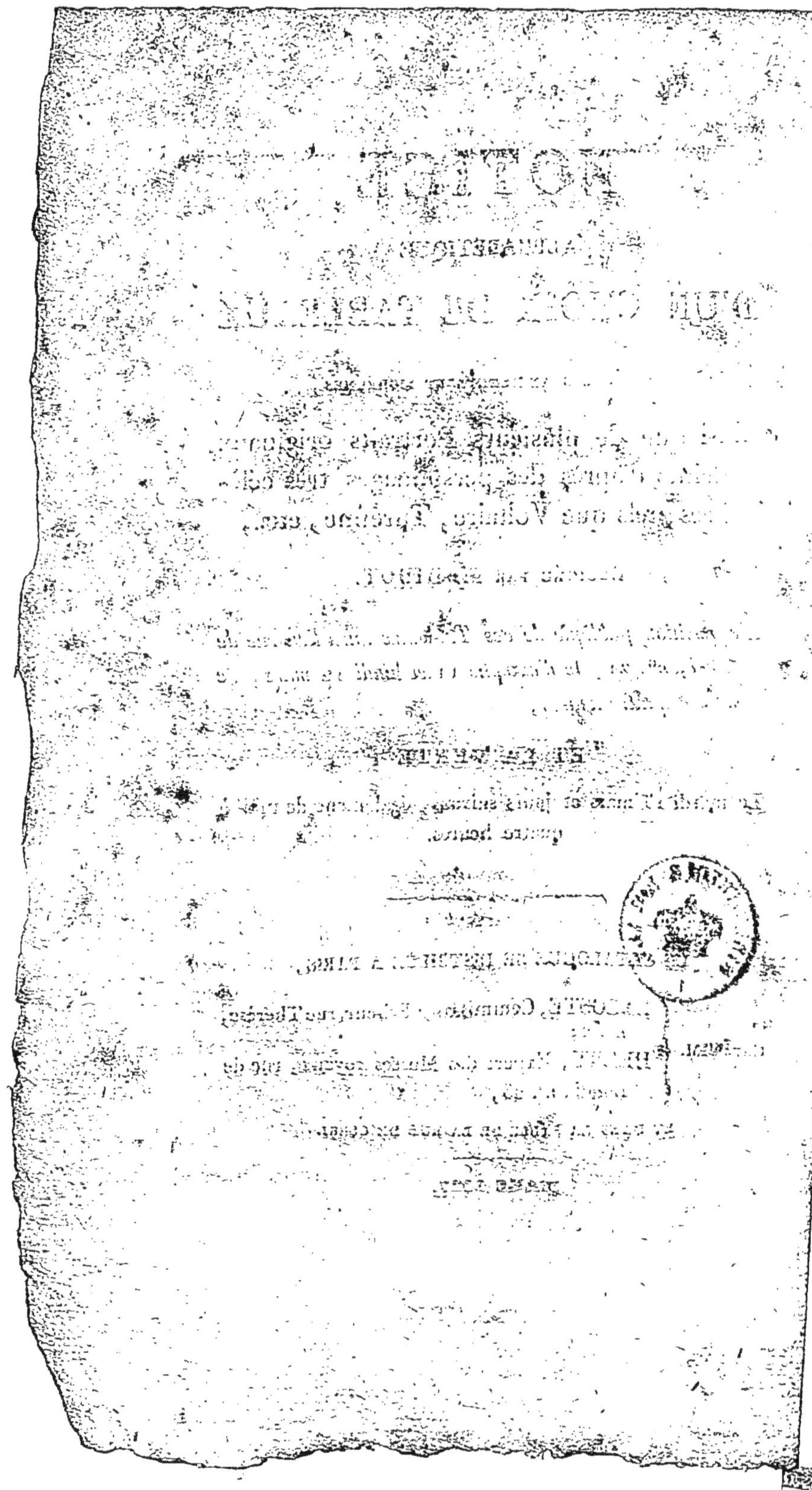

AVERTISSEMENT.

Le public accueillera sans doute avec plaisir la vente de ce choix de Tableaux, que nous pouvons garantir sous les noms qu'ils portent dans la notice alphabétique qui suit; et s'il avait pu se glisser quelque erreur, nous nous empresserions de la faire rectifier au moment de la mise aux enchères. Quant à l'ordre alphabétique, sans distinction d'écoles, nous avons cru devoir le suivre pour la plus grande commodité de l'amateur, qui ne croit pas nécessaire de perdre du temps à chercher le nom du peintre dont l'ouvrage peut lui convenir.

Avant que de terminer cet avertissement, il ne nous semble pas inutile de dire que quelques beaux portraits de personnages célèbres, ajoutent un intérêt de plus à cette collection; tels que celui de Voltaire, peint peu de jours avant sa mort, à Paris; celui de Turenne, par Champagne; celui de la princesse la plus célèbre de l'ex-empire français, par Prud'hon; celui du fameux Foscari, surnommé le Brutus vénitien, et le portrait si connu d'Adrienne Pannier, par Cuyp; le buste en bronze du duc de Berri, de la plus parfaite ressemblance; et une gravure de la plus grande curiosité, représentant la puissance imposante des jésuites.

Nota. Les lettres p. et l., à la fin de chaque Article, signifient pouces et lignes; et les lettres T., B. et C., signifient toile, bois et cuivre.

NOTICE

ALPHABÉTIQUE

D'un choix de Tableaux des Écoles anciennes et modernes, etc.

ADRIAENSSEN (A. L.).

1 Poisson coupé en plusieurs parties, posées sur un plat de terre; tableau d'une grande vérité. B., H. 16 p., L. 19 p.

BARAT.

2 Voltaire peint d'après nature, quelques jours avant sa mort.

Il est représenté en buste, et coiffé d'une perruque poudrée : son habit de couleur rougeâtre est bordé en or, ainsi que le collet et la veste; et la chaise sur laquelle il paraît assis, est en bois sculpté et doré.

Ce portrait, d'une rareté bien précieuse, est en même temps d'une extrême ressemblance et d'une grande finesse de teintes, et Barrat le peignit pour le comte d'Argental, célèbre ami du grand homme. L'air de souffrance et de décrépitude empreint sur tous ses traits, est racheté par le feu du génie dont l'œil brille encore. Mais on a lieu de s'affliger de l'habillement et de la coiffure de ce portrait, destiné à passer à la postérité la plus reculée. Se peut-il que sous la fin du règne de Louis XV, règne, il est vrai, de mauvais goût, sous ce rapport, le ridicule de la mode ait été jusque là !... Mais enfin c'est le géant de la littérature, c'est Voltaire, dans sa 85e. année, en 1778, tel qu'on l'a vu revenir à Paris, sa ville natale, pour triompher et mourir. T., H., 21 p., L. 17 p.

BASSAN (JACQUES).

3 L'Annonce aux bergers, effet de nuit; composition de huit figures, dont deux endormies, l'une sur la gauche du tableau, et l'autre vers le milieu; beaucoup d'animaux, parmi lesquels on remarque des vaches, des chèvres et des moutons, enrichissent cette composition.

Ce tableau de Jacques Bassan prouve que le goût des anciens connaisseurs était bien fondé, à l'égard des ouvrages de cet admirable coloriste, auxquels ils mettaient un grand prix; et si les amateurs du jour ne goûtent pas ce peintre, c'est que sans doute fatigués par les milliers de copies d'après lui, et par une foule d'autres tableaux aussi détestables, que depuis le commencement du siècle, l'Italie refoule sur Paris, les yeux de ces nouveaux amateurs rejettent, sans examen, tout ce qui a l'apparence d'un Bassan et même d'un tableau italien quelconque. T., H. 37 p., L. 48 p.

LE MÊME.

4 Portrait de Foscari, surnommé le *Brutus vénitien* : il est vu en buste, paraît assis ; et sa tête, presque de face, est nue.

Ce célèbre et malheureux doge de Venise, guidé par le rare et sublime amour de la patrie, éleva la sienne au plus haut degré de splendeur ; il en fut payé d'ingratitude ; mais il lui resta fidèle jusqu'au moment où sa vie s'éteignit enfin dans les chagrins. L'un des plus cuisans fut d'avoir été forcé de condamner son fils, qui périt dans les fers, et dont l'innocence fut ensuite avouée par ses dénonciateurs, à leurs derniers instans.

Ce portrait de J. Bassan, que nous soumettons au jugement des amateurs, les ramènera sans doute de leur injuste prévention. En effet, ne peut-on pas dire, sans exagération, que les portraits par les plus grands peintres de l'ancienne école d'Italie, ne peuvent lui être supérieurs, sans en excepter Titien et Raphaël ? Beauté de pinceau et de couleur, correction de dessin, force d'expression, que manque-t-il à ce portrait.....? la parole. T., H. 25 p., L. 18 p.

M. BERRÉ.

5 Le Chat tirant du feu les marrons que mange le Singe. Tableau d'une vérité qui approche de l'illusion. T., H. 32 p., L. 38 p.

BLOEMEN (PIERRE VAN).

6 La Caravane. Parmi les figures occupées à conduire les différens animaux qui composent cette caravane, tels que chameaux, vaches, moutons, chèvres et chevaux, on en remarque une essayant avec force de faire passer un gué à un cheval blanc, qui se roidit à la vue de l'eau que déjà une partie du troupeau a traversée. Figures, animaux et paysage, tout concourt dans ce tableau à le faire regarder comme un des plus parfaits ouvrages de ce Van Bloëmen, qu'il ne faut pas confondre avec deux autres Van Bloëmen de la même famille. T., H. 27 p., L. 36 p.

LE MÊME.

7 Paysage avec fabriques italiennes. Les différens plans sont enrichis de figures et de troupeaux, parmi lesquels on remarque principalement des vaches. Le paysage et les fabriques sont d'Orisonti, son frère. T., H. 27 p., L. 35 p.

M. BOILY, PÈRE.

8 Une jeune Mère effrayée par l'orage; elle

tient son enfant dans ses bras, et paraît fuir vers une masure.

Dans ce charmant petit tableau, M. Boily ne laisse rien à désirer. T., H. 9 p., L. 7 p. 4 l.

MM. BIDAUD ET DUVAL.

9 Paysage avec figures. Sur le premier plan et au milieu de ce tableau est une chute d'eau, et de chaque côté sont des rochers couverts de verdure : le fond se termine par de hautes montagnes.

Le sujet de figures, représente l'Arioste arrêté par des brigands, et les désarmant par le récit de plusieurs passages de son poëme. T., H. 9 p., L. 12 p.

M. BILLECOCQ.

10 La Nourrice dans son ménage. Ce sujet, composé de six figures principales, représente deux paysans buvant assis à une table; une femme debout à côté d'eux; et, sur le premier plan, une jeune ménagère au berceau de son enfant; une autre plus âgée est auprès d'elle. B., H. 6 p. 4 l., L. 8 p. 4 l.

PAR LE MÊME.

11 La Famille du Fermier, pendant du précédent. On y compte onze figures, dont cinq sur le premier plan. Une jeune villageoise, un

panier sous le bras, cause avec deux paysans; plus loin une vieille femme est appuyée sur un buffet, et devant elle est une petite fille relevant son tablier. Selon nous, M. Billecocq n'a jamais fait de plus jolis petits tableaux.

BOUCHER (François).

12 Dans un fond de paysage, où est assis un Berger jouant de la musette, une Villageoise debout et appuyée sur un panier d'œufs, présente une couronne de fleurs à ce Berger.

Ce Tableau, du bon temps du maître, est gravé. T., H. 26 p., L. 21 p.

BRUANDET.

13 Vue prise à l'entrée de la Forêt de Fontainebleau; un vieux chêne brisé et creusé jusqu'à l'écorce, s'élève sur un terrain sablonneux, en partie éboulé et frappé des rayons du soleil. Sur une branche de ce chêne est perché un hibou; du côté opposé, un Chasseur, au bord d'une rivière, tire sur des canards.

Bruandet, l'élève de la nature, approche, dans ce tableau, de Winantz et de Ruisdaël. T., H. 18 p., L. 21 p. 8. l.

CANALETTI (Ant.).

14 Paysage avec ruines et fabriques modernes. Il est orné de beaucoup de Figures, dont un

groupe de cinq, près d'un arbre renversé. Vers le milieu du tableau, est un petit Temple en marbre, terminé en rotonde. T., H. 26 p., L. 36 p.

M. CANELLA, peintre espagnol.

15 La Forêt d'Aranjuez, peinte d'après nature, au printemps.

Sur la gauche du tableau est une pièce d'eau qui baigne les murs d'un parc, et sur la route qui traverse la forêt, sont trois paysans espagnols, dont un monté sur un âne.

M. Canella, voulant faire connaître son talent en France, ne pouvait en donner une meilleure idée qu'en apportant à Paris ce tableau peint avec le plus grand soin, et de la vérité la plus aimable. T., H. 9 p., L. 12 p.

CARRACHE (École de).

16 Imitation de la Madeleine du Corrége, occupée à lire dans un paysage.

Entr'autres changemens, on remarque encore la grandeur du tableau, qui est ici du double de celui du Corrége.

Les Carrache, qui avaient pris le Corrége pour modèle, ont su, mieux que les artistes des autres écoles, en reproduire tout le charme. T., H. 16 p., L. 22 p.

CHAMPAGNE (Ph. de).

17 La Mère de douleurs. Cette étude très terminée est le petit tableau du grand que l'on voit à la galerie du Luxembourg ; mais Champagne y a fait quelques changemens, surtout dans le fond du paysage, qui ne paraît plus être le même. T., H. 19 p., L. 16 p.

LE MÊME.

18 La Prière. Figure à mi-corps, représentant un jeune homme, les mains jointes et levées vers le ciel.

Ce Tableau a le charme d'un Lesueur. T., H. 31 p., L. 25 p.

CHAMPAGNE (J.-B.).

19 Portrait de Turenne.

Parler de Turenne, c'est parler de gloire, c'est rappeler à la mémoire des Français les brillantes qualités et les hauts faits du patron des soldats. Contentons-nous de citer ici l'enthousiasme d'un bon invalide, au sujet de la supériorité pour vaincre le danger, qu'un matelot attribuait à St. Nicolas :

« Si, à l'approche de la tempête, le nom de » St. Nicolas prononcé par le matelot peut » quelquefois préserver du danger, avec

» l'arme au bras et le nom de Turenne à la » bouche, le soldat français culbute toujours » l'ennemi! »

C'est à 64 ans, le 27 juillet 1675, que Turenne, au moment de livrer bataille, fut tué d'un coup de canon, qui sauva l'ennemi d'une défaite certaine.

Ce beau portrait, en buste, est peint d'après nature, et il porte un grand caractère de vérité. Il est gravé. T., H. 17 p. 3 l., L. 15 p.

CHARDIN.

20 La Leçon à l'Écolier. Une gouvernante, assise, brosse le chapeau d'un jeune écolier, qui, ses livres sous le bras, est sur le point d'aller au collège, et paraît regretter les amusemens qu'il est obligé de quitter.

Ce Tableau, qui est gravé, est le pendant de celui qui a été vendu à la vente de M. Denon, sous le titre de la Leçon à l'Oiseau, et représentant Madame Geoffrin serinant un oiseau. T., H. 18 p. 10 l., L. 16 p. 2 l.

CONING (S.).

21 Buste de vieille femme vue de face, et coiffée d'une toque.

C'est le pendant du Rembrand, n. 64. B., H. 7 p., L. 6 p.

M. CONSTABLE (John).

22 Vue du port d'Hastings, où Guillaume-le-Conquérant débarqua et défit Harold, en 1066.

Les paysages de cet excellent coloriste anglais ont été admirés à notre dernier salon. Outre la difficulté de s'en procurer, ils sont d'un prix qui ne les met pas à la portée de tout le monde, et l'on n'en connaît que trois à Paris. Celui-ci, qui est d'une exécution beaucoup plus soignée que de coutume, a de plus, le mérite d'offrir un site qui fait époque dans l'histoire des descentes en Angleterre. On remarque une barque à sec sur le rivage, et, sur le même plan, un Paysan debout, conduisant une espèce de petit chariot. T., H., 12 p. 4 l., L. 19 p. 6 l.

CUYP (-1647).

23 Adrienne Pannier, célèbre par le rare emploi de ses richesses. Elle les avait divisées en autant de parts possibles, pour fournir le strict nécessaire aux pauvres honnêtes ; et la part qu'elle s'était réservée pour elle-même, n'était pas plus forte. « Pour peu que l'on veuille m'imiter, disait-elle gaîment, le problème de détruire la mendicité sera enfin résolu ». L'excellente femme (c'est ainsi qu'on la nommait) est vue en buste, vêtue de noir, avec une large collerette autour du cou.

Avant l'apparition de ce miracle de vérité, l'illusion à produire par une figure peinte, paraissait la chose impossible ; aujourd'hui, l'impossible a disparu ; aussi M. Desnoyers, premier graveur du Roi, nous a-t-il emprunté ce portrait, quoique les traits n'en soient pas séduisans, pour faire, d'après lui, une gravure également chef-d'œuvre. B., H. 27 p. 9 l., L. 22 p. 6 l.

M. DECAISNE.

24 Le Repas du laboureur en famille, avec sa femme, ses enfans, ses deux chevaux et son chien.

M. Decaisne ne dément pas dans ce tableau la réputation qu'il s'est acquise aux expositions pour les Grecs. T., H. 20 p., L. 24 p.

DEKER.

25 La Blanchisserie; derrière un massif d'arbres, on découvre quelques maisons de paysans : dans le fond, on aperçoit un moulin; sur les premier et second plans, quelques figures sont occupées à étendre du linge, et dans un coin du Tableau, sur le devant, on voit un canard sur l'eau.

Tableau d'un effet piquant et d'une couleur excellente. B., H. 13 p. 4 l., L. 10 p. 8 l.

DELAAR (Pierre).

26 Attaque de voleurs. Un cavalier, atteint d'un coup de feu, tombe à la renverse de dessus son cheval, qui s'échappe au galop. On aperçoit encore d'autres victimes de ces brigands répandues sur tous les points.

Tableau de la belle manière de ce maître, que Wouvermans a imitée, à tromper. B., H. 30 p., L. 36 p.

DEMACHY.

27 Différens monumens de l'ancienne Rome, dont plusieurs sont en ruines. Parmi les figures dispersées sur plusieurs plans, on en remarque deux, auprès d'une fontaine, où un cheval s'abreuve.

Ce tableau, très fin, est du nombre de ceux qui ont fait la réputation de ce maître. B., H. 14 p., L. 20 p.

M. DEMARNE.

28 Marine, au soleil couchant. Des bateliers approchent une barque pour deux dames et un jeune homme qui veulent faire une promenade sur mer. Tableau plein de vérité. T., H. 21 p., L. 30 p.

M. DESTOUCHES (P. E.).

29 La Nourrice Créole, de grandeur natu-

relle, mais à mi-corps; cette jeune femme est étendue sur un canapé; elle est presque nue: et par la pression légère de ses mains, posées sur son sein, elle aide à l'émission d'un lait pur et nourricier, qui jaillit entre ses doigts. Un rouge vif anime son teint; mais cette couleur, si fortement prononcée, semble due au mouvement forcé de sa tête, penchée en arrière pour regarder un objet qui paraît l'intéresser délicieusement, et qui, dans le tableau destiné à faire pendant à celui-ci, devait offrir le sujet d'un enfant qu'une jolie négresse présentait à cette jeune mère.

Ce Tableau, vrai comme la nature dont il est la représentation exacte jusque dans ses moindres détails, a, de plus, le mérite d'être d'une exécution parfaite. Il place, sans difficulté, M. Destouche dans le très petit nombre des élèves de David qui sont encore dans la bonne route, retrouvée, avec tant de peines, par ce grand maître. T., H. 24 pouces, L. 30 pouces.

DROLLING (MARTIN).

30 La Main-chaude. Sujet de neuf figures s'amusant en dehors de leur maison, qui est séparée du jardin par une haie en planches. Le bon papa, assis sur un banc, est heureux de leur bonheur. C'est une des plus riches

compositions de ce peintre. T. H. 17 p., L. 21 p.

LE MÊME.

31 L'Ermite en compagnie. Sous une voûte de rocher, asile du mystère, une jeune fille, légèrement vêtue, accepte, avec un timide embarras, le partage d'un repas frugal qu'un ermite à barbe grise, mais encore verd, lui offre gaillardement. Cet aimable tableau est d'un effet piquant. T., H. 12 p., L. 15 p. 3 l.

LE MÊME.

32 Jean qui pleure et Jean qui rit, ou la différence du matin au soir. Sujet de deux figures à mi-corps, et représentant un des fils de l'auteur. Petit tableau d'une excellente couleur. B., H. 6 p. 4 l., L. 5 p. 7 l.

M. DUVAL-LECAMUS.

33 L'apprenti peintre artiste, faisant la chasse aux pensionnaires de son maître. Déjà il en tient un dans une souricière. Charmant tableau, peint d'après nature. H. 10 p., L. 8 p. 2 l.

EEMSKERK.

34 L'Estaminet. Sur le premier plan, un homme, riant aux éclats, indique du doigt un vieux soldat qui fait la cour à une femme

à moitié ivre. Sur un autre plan, on aperçoit d'autres personnages qui jouent aux cartes.

Ce tableau, qui ne laisse rien à désirer pour la vérité de l'expression, pour la beauté du ton et pour la délicatesse de la touche, est un des plus parfaits que nous connaissions de ce maître. B., H. 9 p. 7 l., L. 12 p. 4 l.

M. GASSIES.

35 Marine par un temps calme.

Le premier plan offre une plage caillouteuse : à droite du tableau est une espèce de fortification où sont quelques petites figures. On voit aussi du même côté, sur le rivage, une Barque à voile et un Bateau à rames. Sur les premiers plans, on remarque des Marchands de poissons.

Ce Tableau de M. Gassies nous paraît être un des plus jolis qu'il ait faits dans ce genre. B., H. 9 p. 7 l., L. 13 p. 8 l.

GÉRARD DOU.

36 Cette étude, d'après nature, est remplie de vérité, d'un grand fini et d'un bel empâtement de couleur. Elle représente une ancienne bourse en cuir et un livre relié en parchemin; le tout posé sur une espèce de Table.

Le nom de Gérard Dou et l'année 1647, sont tracés de la main de ce maître. B., H. 9 p., L. 6 p. 9 l.

GÉRICAULT.

37 Chevaux de course lancés dans l'arène aux temps de l'ancienne Rome. Ce Tableau est du petit nombre de ceux qui rappellent le beau talent qu'il a montré dans sa célèbre composition du Radeau qu'on voit au Musée.

Cet artiste enlevé dans son printemps, aux beaux-arts qui le pleureront toujours, avait un génie facile et prompt, mais n'arrivant jamais au but du premier coup. Chaque tableau réussi de ce peintre, a toujours été précédé d'un autre tableau de lui sur le même sujet, mais moins heureux de composition et d'exécution. Celui que nous offrons vient à l'appui de cette vérité, pour peu que l'on se rappelle un tableau de la même composition, peint par lui, avant celui-ci.

Nous croyons qu'il serait intéressant de graver notre Tableau en pendant de celui de M. Horace Vernet, représentant aussi une Course de chevaux romains, mais dans Rome moderne. T., H. 12 p. 6 l., L. 16 p. 6 l.

LE MÊME.

38 Le Hussard en vedette sur une hauteur. Dans le fond on aperçoit des combattans. Tableau d'une belle couleur et d'une grande énergie d'exécution. T., H. 36 p., L. 26.

GIRODET-TRIOSON.

39 Tête d'étude d'un grand caractère; elle représente un Turc à large barbe et coiffé d'un turban.

Il nous paraît impossible que ce grand peintre ait pu produire quelque chose de plus parfait dans ce genre. T., H. 30 p., L. 24 p.

LE MÊME.

40 Sujet tiré de la Phèdre de Racine. C'est le moment où Œnone s'écriant :

« Hippolyte ! Grands Dieux ! »

Phèdre lui répond,

« C'est toi qui l'a nommé. »

Entre les deux figures et sur un plan reculé, est la statue en marbre d'un héros.

Le jour vient du fond du Tableau par une ouverture qui laisse apercevoir un ciel brûlant.

Ce Tableau, qui réunit toutes les qualités qu'on doit s'attendre à rencontrer dans les bons ouvrages de Girodet, a de plus le mérite d'une exécution si soignée, qu'il est rare d'en rencontrer une pareille dans les meilleurs peintres de genre. T., H. 9 p., L. 7 p.

GREUZE (J.-B.).

41 Une jeune fille de grandeur naturelle, la

tête vue presque de face, et représentée à mi-corps, le cou et la poitrine nus. Elle a l'air de fuir, et sa chevelure paraît en désordre. Ce tableau riche de tons et d'une belle exécution, est du bon temps du peintre. T., H. 22 p. 6 l., L. 18 p. 6 l.

GUASPRE-POUSSIN.

42 Paysage avec Fabriques.

Ce Tableau, d'un site peu varié et peu étendu, ne laisse pas que d'intéresser par la richesse des fabriques et des ruines qui occupent tout le fond, et par le mouvement et le beau ton des terrains.

Parmi les figures, on remarque un homme sur un cheval blanc; et, plus en avant, au bord d'une rivière, une femme portant un vase sur la tête. T., H. 13 p. 4 l., L. 16 p. 10 l.

HEIL (VAN).

43 L'incendie de Troies. Ce Tableau, où l'on remarque sur tous les plans une quantité prodigieuse de figures touchées avec beaucoup d'esprit, est cité par Descamps comme un ouvrage très remarquable. B., H. 22 p. 6 l., L. 33 p. 6 l.

HONDEKOETER.

44 Dans un fond de paysage très terminé on

remarque principalement une Perruche et un Singe de la plus petite espèce, guettant une souris et des papillons. Ce Tableau d'un peintre l'un des premiers dans son genre, a de plus le mérite de représenter des animaux de grandeur naturelle, dans un petit espace. T., H. 22 p., L. 17 p. 9 l.

M. JANSON.

45 La Prairie. On y remarque quatre vaches, dont deux sont debout; plus trois moutons. Sur le devant est une marre d'eau; et près d'une vache qui paît est un saule.

Cet habile artiste hollandais nous paraît rechercher, comme Kobell, la manière simple et vraie de P. Potter. B., H. 16 p., L. 21 p.

M. ISABEY FILS.

46 Paysage-marine. Sur une prairie au bord d'un chemin, des voituriers ont dételé leurs chevaux au nombre de six, et sont occupés à décharger les ballots dont paraît être rempli un grand fourgon. Ce paysage est en grande partie entouré d'une rivière, sur laquelle on distingue des barques à voiles, dans différens plans.

Ce tableau était un des plus remarquables parmi les ouvrages de M. Isabey, exposés au Salon dernier. T., H. 16 p., L. 22 p. 6 l.

KALF (Guillaume).

47 Intérieur de cuisine. Parmi différens accessoires on y remarque principalement une fontaine en cuivre et un chaudron. B., H. 8 p. 5 l., L. 5 p. 5 l.

LACROIX.

48. Marine au soleil couchant avec cinq figures de pêcheurs, dont trois femmes et deux hommes. Sur un plan plus éloigné on aperçoit d'autres figures, et plus loin une ville au bas d'une montagne qui termine d'un côté le fond du tableau. A droite du spectateur est une barque à voiles. Dans plusieurs cabinets, ce tableau passait pour être de J. Vernet. T., H. 19 p., L. 28 p.

M. LEDIEU.

49 Cheval de charrette à l'écurie. Son conducteur, en repos, est occupé à fumer. T., H. 9 p., L. 12.

LE MÊME.

50 Cheval de charrette, sortant de l'écurie pour être attelé.

Ce Tableau, aussi bien peint et d'une aussi bonne couleur que le précédent, auquel il peut servir de pendant, rappelle bien l'école de M. Horace Vernet.

LORAIN (CLAUDE).

51 Paysage; étude d'après nature. Sur le devant est un chemin à l'un des bouts duquel est un pont en pierre. Derrière ce chemin, est un petit bois d'arbres de différentes espèces, au travers desquels on aperçoit un côteau qui borde l'horizon; à droite du chemin est saint Joseph conduisant sa monture, sur laquelle est la Vierge avec l'Enfant-Jésus.

En faisant quelques changemens à cette charmante étude, peinte dans son bon temps, Claude Lorain a composé le tableau, dont on voit la gravure dans son œuvre de vérité. T., H. 14 p. 3 l., L. 16 p. 7 l.

M. MALLET.

52 Entourées de l'Harmonie et des Soins caressans, deux des Parques filent à l'Hymen des jours tissus de fleurs, que les fatals ciseaux de la troisième Parque sont forcés d'épargner.

Cette charmante composition du plus gracieux de nos peintres, n'est pas gravée. T., H. 12 p., L. 15 p.

MARCELIS (OTHO).

53 Sur le premier plan d'un paysage montagneux, on remarque un Chardon, un Pavot, un Lézard, une Couleuvre et des Papillons; le

tout d'un précieux fini et d'une grande force de couleur. T., H. 21 p. 4 l., L. 16 p. 9 l.

MICHALON.

54 Étude de paysage; site montagneux; les figures sont de M. Duval. T., H. 9 p., L. 12 p.

M. MICHEL.

55 La Marre; paysage d'après nature. Des Moutons se sont éloignés du Berger pour venir se désaltérer à cette Marre, qui occupe et traverse le premier plan du Tableau, et au long de laquelle règne un chemin bordé de deux rangs d'arbres; de l'autre côté de ce chemin, est une plaine terminée par une Forêt.

Différentes figures enrichissent les plans rapprochés, et sur un plan éloigné, on aperçoit un homme à cheval, qui fait marcher devant lui une meute de chiens de chasse.

Dans ce Tableau d'après nature et le plus vrai, peut-être, qui soit sorti du pinceau de l'artiste dans son meilleur temps, il est aisé de voir que M. Michel suivait avec succès la route tracée par les célèbres paysagistes, Ruisdaël et Obbéma. B., H. 14 p., L. 17.

LE MÊME.

56 Paysage orné de beaucoup de figures, parmi lesquelles on remarque des voyageurs descen-

dus d'une chaise de poste à la porte d'une auberge. Tableau très fin et aussi du meilleur temps de ce maître. B., H. 9 p., L. 12 p.

MILÉ (FRANCISQUE).

57 Dans ce paysage, d'un style élevé et agréable, des figures sont répandues sur différens plans; on en remarque trois causant sur le premier. Au bord d'un ruisseau, et sur un plan plus éloigné, trois autres figures sont occupées à puiser de l'eau à une fontaine; plus loin on distingue des bergers avec leurs troupeaux. Le fond est enrichi de montagnes variées de formes, sur l'une desquelles est une ville.

Ce tableau, d'une très belle qualité, a l'aspect d'un Poussin. T., H. 30 p., L. 36 p.

MINDERHOUT ET IMMENRAET.

58 La Cascade. Du haut d'une montagne boisée, une grande masse d'eau s'échappe en cascade. Sur le premier plan du tableau sont des voyageurs à cheval. Ouvrage soigné de ce peintre, qu'on pourrait attribuer à un maître beaucoup plus connu. T., H. 16 p., L. 20 p.

ORISONTI.

59 Paysage très riche, dont les fonds sont occupés par une montagne boisée et éclairée

par un effet piquant de soleil. Sur le second plan, des bergers conduisent des troupeaux, et sur le premier sont un homme et une femme se reposant sur l'herbe. T., H. 14 p. 4 l., L. 19 p. 6 l.

LE MÊME.

60 Pendant du tableau précédent. Dans le milieu du paysage on remarque une rivière qui arrive par cascades jusque sur le premier plan, enrichi de différentes plantes et d'arbrisseaux. On remarque encore sur ce plan un pâtre assis qui cause avec un autre pâtre debout. Ces deux tableaux d'Orisonti sont les plus étudiés et les plus parfaits que nous connaissions de ce très habile paysagiste, auquel on attribue souvent, et à tort, des ouvrages qui sont de ses nombreux imitateurs ou copistes.

PRUD'HON.

61 L'Amour séduit l'Innocence, que le Plaisir entraîne et que suit le Repentir. Ce sujet de figures à mi-corps, représenté à l'effet de nuit dans un intérieur, est le même que Prud'hon a répété, depuis, d'une plus grande proportion, avec figures en pied, dans un paysage, à l'effet de jour. C'est par ce petit tableau que ce maître, inspiré des chefs-d'œuvre de Léonard et du Corrége, peintres qu'il affectionnait le

plus, s'est rendu célèbre lors de la première exposition générale au Salon de 1791. En effet, l'exécution, l'expression et la couleur n'y laissent rien à désirer, selon nous. T., H. 9 p. 3 l., L. 8 p.

LE MÊME.

62 Portrait d'une princesse célèbre du dernier gouvernement français. On nous a assuré que c'était une étude peinte au premier coup d'après l'ex-impératrice Marie-Louise. Le beau talent de Prud'hon se montre dans cet ouvrage, quoiqu'il soit moins terminé que ses autres portraits. T., H. 21 p., L. 17 p.

REMBRANDT (PAUL).

63 Figure du Christ à mi-corps, les yeux levés au ciel. Ce précieux petit tableau nous paraît être une étude d'après nature pour son tableau célèbre des Pélerins d'Emmaüs. B., H. 9 p. 5 l., L. 8 p.

LE MÊME.

64 Buste de Vieillard, vu de profil, avec barbe courte, et la tête couverte d'une toque en forme de chapeau.

Ce portrait, quoique d'une petite dimension, n'en est pas moins recommandable par rapport à la qualité.

Ce tableau fait pendant à la Vieille de Coning, n°. 21. B., H. 7 p., L. 6 p.

RICHARD (de Lyon).

65 Première pensée de son tableau de François Ier. Dans ce petit tableau François Ier. est seul; il est censé voir arriver sa sœur Marguerite, à laquelle il paraît montrer du doigt l'inscription suivante, qu'il a tracée sur les vitres d'une croisée :

> Souvent femme varie
> Est bien fou qui s'y fie.

T., H. 10 p., L. 8 p.

ROOS (Henry).

66 Passage d'un gué. Les principales figures représentent une Villageoise pieds nus, attendant qu'un jeune garçon ait ôté ses bas pour passer l'eau, que le troupeau est en train de traverser.

La couleur de ce tableau, encore plus brillante que ne l'est ordinairement celle de Henry Roos, l'avait fait attribuer à Carle de Moor.

T., H. 16 p., L. 20 p. 6 l.

ROSA (Salvator).

67 Paysage capital, orné de Fabriques et de ruines. Un massif de grands arbres s'élève sur

la droite du tableau, et près de là des pâtres conduisent des troupeaux de vaches et de chèvres, sur un chemin qui descend au bord d'une rivière. Du côté opposé on aperçoit deux figures à l'entrée de la voûte d'un rocher, surmonté d'une ruine.

Nous croyons qu'il serait difficile de rencontrer de ce grand peintre un paysage aussi parfait sous tous les rapports ; aussi s'est-il plu à le signer des initiales de ses noms. T., H. 32 p., L. 42 p.

RUBENS (École de).

68 Sainte-Famille dans un paysage. La Vierge tient sur ses genoux l'Enfant-Jésus endormi ; S. Jean et deux autres enfans paraissent occupés à lui présenter un mouton, et derrière la Vierge sont trois figures allégoriques, dont deux de femmes, et saint Georges, qui tient sous ses pieds le dragon. Dans le lointain, on aperçoit saint Joseph, vu par le dos et endormi au pied d'un arbre.

Cette riche composition, d'une couleur séduisante, est d'une grande franchise de pinceau. T., H. 22 p., L. 30 p.

SANTERRE.

69 Le Duo. Une jeune femme, vêtue à l'es-

pagnole, est accompagnée à son clavecin, par un jeune homme qui joue de la basse.

Les tableaux de chevalet de ce peintre gracieux, ne sont pas communs, surtout en petite proportion. T., H. 20 P., L. 24 P.

SORG (HENRY).

70 La Vieille avare : elle est assise et s'occupe à compter son argent qu'elle fait sonner, pour se procurer une double jouissance. Ce tableau, très rendu, réunit le talent de Teniers à la force de couleur de Rembrandt. B., H. 12 P., L. 9 P. 1/2.

STELLA (J.).

71 Adoration des Bergers. Dans ce tableau charmant de composition et d'exécution, on remarque un agréable épisode de petits anges, qui paraissent se jouer sur les solives de la chaumière. B., H. 8 p. 3 l., L. 11 p. 3 l.

SWEBACH PÈRE.

72 La Calèche. Quatre chevaux gris pommelé, sont attelés à cette calèche d'où viennent de descendre des voyageurs, auxquels un militaire à cheval semble indiquer un chemin. D'autres figures enrichissent encore ce paysage, dont les fonds et le ciel sont beaucoup plus réussis qu'ils ne le sont ordinairement dans les

tableaux de ce maître. En tout, ce tableau nous paraît être un des plus précieux qui soient sortis du pinceau de cet artiste, unique en son genre. T., H. 15 p. 4 l., L. 24 p.

LE MÊME.

73 Le Cheval au galop. Un cavalier sur son cheval au galop, paraît courir après un convoi qu'on aperçoit dans le lointain; un autre cavalier est descendu de son cheval. B., H. 9 p. 9 l., L. 7 p. 8 l.

LE MÊME.

74 Deux Militaires se reposent avec leurs chevaux; l'un des deux cavaliers est assis sur l'herbe, et son cheval blanc broute à côté de lui. Tableau faisant pendant au précédent. Tous deux sont touchés avec esprit.

TENIERS (DAVID).

75 Les Fumeurs à la cheminée; composition de quatre figures debout, dont les principales sont une qui se chauffe le dos et qui cause avec une autre, assise sur un tonneau. On remarque en outre quelques accessoires. Quoique ce tableau soit de petite dimension, les figures ont quatre pouces de hauteur environ, et il est du bon temps du maître. B., forme ronde, 6 p.

VANDER-NEER (Eglon).

76 Narcisse amoureux de lui-même. Dans le coin d'un bois sombre, où ne peuvent pénétrer les rayons du soleil, Narcisse, assis au bord d'une fontaine est occupé à se mirer; ses chiens sont près de lui. A travers les arbres, on aperçoit sur un monticule la nymphe Écho plongée dans la douleur.

Figures et paysage, tout nous paraît d'une égale perfection dans ce tableau, aussi précieux sous le rapport de la couleur que sous celui de l'exécution. T., H. 22 p., L. 30 p.

VITEL (Gaspard Van).

77 Le Colysée. Quoique les ruines de ce vaste monument occupent la plus grande partie de ce paysage, peint d'après nature, les autres parties ne laissent pas que d'intéresser, ainsi que les figures, qui sont touchées avec beaucoup d'esprit. C'est un des plus jolis échantillons que l'on puisse voir de ce maître; et plusieurs personnes le croient de Vernet. T., H. 9 p. L. 12 p.

W. WANDEWELDE.

78 Marine par un gros temps. Nous présentons ce Tableau, non seulement comme un

excellent ouvrage de Wandewelde, mais encore comme un ouvrage rare de cet habile artiste, parce qu'il ne peignait ordinairement que des mers calmes : ici, il s'est élevé avec succès à la représentation de la mer agitée.

Le ciel chargé de nuages orageux, et de la plus belle entente de clair obscur, se compose admirablement avec l'effet large et harmonieux des vagues, au-dessus desquelles apparaissent, à l'horizon, des montagnes peu élevées. Sur différens plans, on aperçoit quelques voiles, et sur l'un des plus rapprochés est un bâtiment, dans lequel vient se précipiter la vague écumante.

Sur un bout de mât brisé, qui paraît sortir de la mer, on découvre plusieurs doubles W, initiales des noms et prénoms de cet heureux traducteur de la nature. T., H. 11 p. 7 l., L. 18 p. 7 l.

WATEAU (ANTOINE).

79 Jupiter, Antiope et l'Amour, dans un paysage. Antiope, presque nue, dort étendue sur l'herbe : Jupiter, sous la forme d'un Satyre, la contemple avec ardeur ; et l'Amour, sous la forme d'un faune, paraît endormi auprès d'elle.

Ce tableau, qui est du meilleur temps de ce maître, provient de la belle collection Solirène. B., H. 9 p. 10 l., L. 7 p. 10 l.

WEENINX (J.).

80 Le Manége. Dans ce tableau capital et de la belle manière du peintre, on remarque un jeune cavalier, richement vêtu, sur un cheval gris-pommelé qu'il met au galop, et qu'un écuyer excite à coups de fouet. Un autre personnage à cheval regarde courir le premier, tandis qu'un jeune page, près d'eux, tient par la bride un cheval noir tout prêt à être monté à poil. Plusieurs autres figures et chevaux sont répandus sur différens plans ; et dans le fond, on aperçoit une rivière traversée par un pont. T., H. 27 p., L. 42 p.

WITT (GASPARD DE).

81 Paysage montagneux au coucher du soleil. On remarque sur le premier plan de ce tableau d'un ton chaud et vrai, des plantes faites avec soin ; et, sur le second, des figures dans une barque. C'est une étude d'après nature. T., H. 21 p., L. 17 p.

XAVERY (Élève de Wan-Huysum).

82 Tableau de Fruits dans un fond de paysage. Du raisin blanc suspendu à un cep de vigne retombe sur des pêches, groupées avec un melon ouvert : du raisin noir, des coings et des grenades sont posés à l'entour ; et le tout est

placé dans une espèce de cuve en marbre, décorée de sculptures.

Il est à regretter que ce peintre, estimé pour ses tableaux de fleurs, et plus encore pour ses tableaux de fruits, en ait produit un moins grand nombre de ces derniers, dans lesquels il excellait. Celui-ci, selon nous, prouve qu'il est impossible d'aller plus loin dans ce genre. T., H. 29 p. 6 l., L. 22 p. 6 l.

MINIATURE.

CARRAFFE (L.).

83 Le consul Bonaparte, à l'entrée du Musée, vêtu à la manière des triomphateurs romains. Il se dispose à visiter ce temple des Beaux-Arts, nouvellement enrichi d'une foule de chefs-d'œuvre, fruit de ses conquêtes; et l'Histoire, à laquelle les ailes du Temps servent d'appui pour écrire, ne paraît être occupée que du guerrier vainqueur, qui, inspiré par la prescience des grandes choses qu'il opérera, semble dicter à Clio l'inscription suivante, tracée sur une pierre monumentale, confiée à la garde du Temps :

Impassible et debout sur le torrent des âges,
Où le commun des rois roule précipité,

J'atteindrai, je le veux, l'océan sans rivages,
Domaine de l'éternité!

Ce dessin coloré, ou plutôt cette grande miniature, est une des productions les plus capitales et les plus parfaites de Carraffe, qui excellait dans ce genre de peinture. H. 21 p., L. 14 p. 6 l.

GOUACHES.

84 Quatre Souverains et deux Bayadères. Ces six figures sont des gouaches du Japon.

DESSIN.

85 Dans une espèce de paysage, différentes figures sont occupées à prendre de l'opium; d'autres l'ont déjà pris. Dessin chinois très précieux.

GRAVURE.

86 Gravure d'une grande dimension, représentant, dans de très nombreux détails, qu'on peut embrasser d'un coup-d'œil, la puissance imposante des jésuites sur toute la surface de la terre : détails certains, qui, entre autres choses remarquables, font monter le nombre des membres de la société de Jésus à 23,000, dont 11,000 prêtres.

BRONZE.

87 Buste en bronze de grandeur naturelle du duc de Berri, reconnu pour être le plus parfait de ressemblance.

Hier encore, vivante image du bon Henri, et aujourd'hui, par un même poignard, jeté à côté de lui dans la tombe, ce modèle de franchise, de bravoure et de loyauté, a prouvé, par la manière magnanime dont il est sorti de la vie, que la France ne se trompait pas quand elle attendait de lui son bonheur. Quel bien, en effet, ne devait-elle pas espérer d'un prince qui, jeune encore, et riche de tous les dons qui font chérir la vie, se la voit arracher au milieu de longues et horribles souffrances, et qui, loin d'appeler la vengeance sur son farouche assassin, n'appelle sur lui que le pardon.

Ce buste très rare, et dû aux talens de deux artistes supérieurs, est pareil à celui que possède l'auguste veuve du moderne Henri IV.

---

88 Sous ce dernier numéro seront compris différens Tableaux qu'on aura pu oublier à leur ordre alphabétique.

IMPRIMERIE ANTHe. BOUCHER, RUE DES BONS-ENFANS, No. 34.

BRONZE.

62 Buste en bronze de grandeur naturelle du duc de Berri, reconnu pour être le plus parfait de ressemblance.

Hier encore, vivante image du bon Henri, et aujourd'hui, par un même poignard, jeté à côté de lui dans la tombe, ce modèle de franchise, de bravoure et de loyauté, a prouvé, par la manière magnanime dont il est sorti de la vie, que la France ne se trompait pas quand elle le croyait de la maison Bourbon. Quel bien, en effet, ne devait-elle pas attendre d'un prince qui, jeune encore, et riche de tous les dons qui font chérir la vie, se la voit arracher au milieu des angoisses et d'horribles souffrances, et, loin d'appeler la vengeance sur son lâche assassin, a sollicité pour lui le pardon.

Ce buste très rare, et dû aux talens de deux artistes supérieurs, est pareil à celui que possède l'auguste veuve du moderne Henri IV.

---

63 Sous ce dernier numéro seront compris différens Tableaux qu'on aura pu oublier à leur ordre alphabétique.

[illegible]

www.ingramcontent.com/pod-product-compliance
Ingram Content Group UK Ltd.
Pitfield, Milton Keynes, MK11 3LW, UK
UKHW021121230726
13926UKWH00002B/588

9 782014 461930